Warum Werbung scheitert und wie man sie behebt

in Kapseln

Die Geheimnisse des legendären Dan S. Kennedy

INDEX

VORWORT

Viele Werbungen scheitern

Oft liegt es nicht an der Werbung selbst, sondern an unrealistischen Erwartungen oder der falschen Nutzung. Es ist auch nicht die Schuld des kleinen Unternehmers, der glaubte, es würde ausreichen, Experte in seinem Bereich zu sein (Recht, Renovierungen, Medizin, Gastronomie...) und kein Werbeexperte.

Leider macht diese Situation die Geschäftsinhaber sehr anfällig und zu „Opfern der Werbung".

In diesem Buch werden wir die verschiedenen Gründe für das Scheitern von Werbung klar und direkt untersuchen. Es könnte eine schwierige Herausforderung sein, dies zu akzeptieren, aber auch ein Moment großer Erleuchtung.

Warum solltest du mir zuhören?

Erstens, ich habe keine Agenda zu verfolgen. Ich bin als einer der bestbezahlten Copywriter in Amerika in den Ruhestand gegangen und habe über 80% meiner Kunden gebunden. Dieses Buch ist keine Werbung für meine Dienste.

Zweitens, ich habe ein Leben lang Erfahrung im Feld,

habe die Verrücktheit und Korruption der Werbeagenturen erlebt und wie sie ihre armen Opfer ausnutzen. Ich habe unzähligen kleinen Unternehmen geholfen, diese Angelegenheit in die eigenen Hände zu nehmen und Werbung zu nutzen, um große Unternehmen aufzubauen, einige sogar bis zu einer Milliarde Dollar.

Drittens, ich habe immer das umgesetzt, was ich in diesem Buch lehre, und großartige Ergebnisse erzielt; ich bin kein Akademiker mit viel Theorie und wenig Praxis.

Zuletzt wirst du beim Lesen dieses Buches selbst feststellen, dass diese Theorien auf gesundem Menschenverstand beruhen. Ich werde dir Wahrheiten vorstellen, die du immer vermutet hast, aber du fühltest dich als Einziger so und hast deshalb geschwiegen. Das Schlimmste ist, dass du wahrscheinlich Geld für Werbung ausgegeben hast, ohne überzeugt zu sein und ohne Ergebnisse zu sehen.

Im Allgemeinen, wenn du Zweifel an den Regeln und Bräuchen deiner Branche oder den Ratschlägen deiner Kollegen hast, solltest du deinem Instinkt vertrauen. Wenn du denkst, dass es einen besseren Weg gibt, etwas zu tun oder Zweifel hast, versuche mehr herauszufinden, sei skeptischer.

Deine Zweifel an der Werbung sind der Grund, warum du dieses Buch liest, und du wirst sehen, dass du gut daran getan hast!

KAPITEL 1

Die brüllende Maus endet schlecht

Dies wird wahrscheinlich das irritierendste und unangenehmste Kapitel sein. Andererseits entstehen Perlen, indem sie Austern reizen!

Keine Werbung, egal wie intelligent oder gut gemacht, kann einen enttäuschenden Produkt oder eine frustrierende Erfahrung ausgleichen.

Wenn du „brüllst" und viele Kunden anziehst, die dich dann sofort verlassen, weil sie nicht zufrieden sind, wird dich die Kombination aus den Kosten für die Neukundenakquisition und der geringen Kundenbindung in den Bankrott treiben.

Damit deine Werbung funktioniert, musst du in der Lage sein, kühne, aufregende, beruhigende Aussagen zu machen und immer die Erwartungen des Kunden zu erfüllen, wenn nicht sogar zu übertreffen!

Du musst immer bereit sein: Was bringt es, eine Telefonnummer in deiner Werbung zu haben, wenn niemand antwortet? Was bringt es, Leute ins Büro zu bringen, wenn ihre erste Erfahrung darin besteht, ein langweiliges und kaltes Formular auszufüllen, vielleicht in einem schmutzigen und chaotischen

Büro?

Nimm niemals an, dass die Kunden zufrieden sind, sei immer wachsam. Kümmere dich auch um die unbedeutendsten Aspekte. Dann versuche, deine Werbebotschaften so attraktiv und mutig wie möglich zu gestalten und die Erwartungen der Kunden zu erfüllen.

KAPITEL 2

Blinde, die anderen Blinden folgen

Manche haben eine sprechende Echse, andere einen Vogel mit Hut und Sonnenbrille. Fast bekommt man Lust, eine singende Kuh auf Rollschuhen zu haben. Aber was, wenn ich dir sagen würde, dass diese Leute ein völlig anderes finanzielles Spiel spielen als du?

Schlimmer noch, was, wenn ich dir sagen würde, dass sie keine Möglichkeit haben, die Wirksamkeit ihrer schönen Werbung zu messen?

Und wenn du einfach nur einer Parade von Verrückten zusiehst, an der du nicht teilnehmen möchtest?

Die Wahrheit ist, dass wir von Idioten umgeben sind, und es besteht die gefährliche Tendenz zu glauben, dass diejenigen, die ein Vermögen für Werbung ausgeben, sicherlich mehr wissen als du. Das ist nicht der Fall.

Tatsächlich wirst du nach dem nächsten Kapitel mehr über effektive Werbung wissen als jeder CEO von multinationalen Unternehmen, jeder Absolvent oder kleiner Unternehmer, einschließlich deiner Konkurrenten.

Im nächsten Kapitel werden wir alle verschiedenen Arten von Werbung basierend auf dem Zweck, den sie erreichen sollen, analysieren.

Zuerst ist es jedoch wichtig, dass du verstehst, dass fast alles, was du in der Werbung deiner Branche siehst, nicht der Wahrheit entspricht, der du folgen solltest.

Es erfordert Kreativität und Mut, gegen die allgemeinen Normen zu handeln, daher ist es unvermeidlich, dass diese Normen von der Mehrheit verstärkt werden. Schließlich sind die meisten Menschen weder kreativ noch mutig. Lass dich also nicht von allem leiten, was die Norm ist!

Das tödliche Risiko ist der Gruppendruck in deiner Branche, sich dem zu fügen, wie es „gemacht werden muss". Alle kopieren sich gegenseitig und erzielen schlechte Ergebnisse, aber niemand hat den Mut, es zuzugeben.

Nehmen wir das Beispiel eines Unternehmers, der Kissen herstellt: „Wie es gemacht werden muss" bedeutet normalerweise, Partnerschaften mit Matratzen- und Heimtextilienhändlern einzugehen. Das macht jeder.

Dann gibt es den unkonventionellen Weg, der dich reich machen kann, indem du alle Vertriebskanäle umgehst. Das könnte zum Beispiel eine TV-Werbung sein, in der der Eigentümer direkt an die Verbraucher verkauft und „den besten Schlaf deines Lebens, garantiert" verspricht.

KAPITEL 3

Der Zweck der Werbung

Ich nehme an, du hast zu Hause eine Werkzeugkiste, in der sich unter anderem ein Hammer und eine Taschenlampe befinden. Wenn der Strom ausfällt, kann die Taschenlampe sehr nützlich sein, der Hammer jedoch nicht.

Das Gleiche gilt für die Werbung, deshalb funktioniert es nicht, wenn du dich darauf beschränkst, das zu kopieren, was andere tun; sie könnten unterschiedliche Ziele haben als du, und daher könntest du ein anderes Werkzeug benötigen.

Große Unternehmen müssen sich beispielsweise darum kümmern, was Aktionäre und Finanzexperten denken. Dein Werbeziel ist völlig anders als ihres (verkaufen!).

Deshalb ist es von entscheidender Bedeutung, genau zu verstehen, was du mit deiner Werbung erreichen möchtest, und dann die verschiedenen Arten von Werbung zu verstehen, um den Unterschied zwischen einer Taschenlampe und einem Hammer zu kennen.

Die 4 Arten von Werbung

1. Markenbekanntheit/Image;

2. Sofort kaufen (Ein-Schritt);

3. Leadgenerierung (Mehrstufig);

4. Hybrid.

1. Markenbekanntheit/Image

Dies ist das, was du am häufigsten siehst, sowohl von großen multinationalen Unternehmen als auch von kleinen Unternehmen, die einfach kopieren, was die Großen tun... unter der Annahme, dass, wenn alle es tun, es richtig sein muss.

In bestimmten Fällen macht es Sinn, zum Beispiel für ein verpacktes Produkt, das sich im Regal zwischen vielen anderen Konkurrenzprodukten hervorheben muss. Du wirst nie Platz in den Regalen haben, wenn die Händler nicht von deiner Markenwerbung beeindruckt sind, und es wird sehr schwierig für die Verbraucher sein, ein bestimmtes Produkt aus dem Regal zu wählen, ohne Markenbekanntheit.

Abgesehen von spezifischen Fällen wie diesem erfordert Markenbekanntheit zu hohe Kosten und zu viel Zeit, bevor irgendwelche Ergebnisse gesehen werden.

Es gibt einen Weg, Markenbekanntheit als kostenloses Nebenprodukt von Direct-Response-

Werbung zu schaffen, wie ich in meinem Buch „Mit Direct Response eine Marke aufbauen" erkläre. Es ist die nützlichste Markenstrategie für kleine Unternehmen.

Agenturen lieben es, Markenbekanntheit zu verkaufen, weil sie die Wirksamkeit nicht messen können und das Ego des Kunden schmeicheln. Mach es nur, wenn du einen gültigen Grund hast.

2. Sofort kaufen (Ein-Schritt)

Diese Art von Werbung ist auch in vielen Branchen sehr verbreitet, es ist eine Art Einladung, den Laden/das Büro für einen Rabattverkauf oder einen kostenlosen Termin zu betreten.

Diese Methode kann, mit seltenen Ausnahmen, nur einen kleinen Teil des Publikums anziehen, das erreicht wird, nämlich diejenigen, die sofort kaufen möchten. Leider bietet es nichts für alle anderen, die die Werbung sehen und mehr erfahren möchten, aber noch nicht bereit sind, sofort zu kaufen.

Eine Alternative könnte sein, mehr Gründe für eine Antwort und mehr Möglichkeiten dafür anzubieten, so dass du neben denen, die sofort kaufen möchten, auch interessierte Leads gewinnst, die für einen zukünftigen Kauf erzogen werden können.

Mit diesem ausgefeilteren Ansatz kannst du dein Werbebudget viel effektiver nutzen.

Ich gebe dir einige Beispiele, um das besser zu verstehen:

1. <u>Für einen Finanzberate.</u> „Wenn du nicht an unserem Seminar über das neue Steuersystem teilnehmen kannst, lass mich dir zumindest meinen kostenlosen Bericht „Die 7 neuen Steuerfallen, die deine Ersparnisse gefährden" anbieten. Ruf die Nummer XXXXXX an oder besuche www.XXX.com. Wenn du dir unsicher über die Teilnahme am Seminar bist, kannst du dir hier ein kostenloses 10-Minuten-Video anschauen, um besser zu verstehen, worum es geht.

2. <u>Für ein Möbelgeschäft.</u> „Wenn du dieses Wochenende nicht in unser Geschäft kommen kannst, lass uns dir zumindest unser neues illustriertes Buch „25 Zimmer verwandelt mit weniger als 99€ pro Monat" kostenlos zusenden. Ruf die Nummer XXXXXX an oder besuche www.XXX.com. Sobald du auf der Webseite bist, kannst du ein Video von 3 Renovierungen ansehen und am Wettbewerb teilnehmen, um eine völlig neue Küche zu gewinnen!

Viele Unternehmer haben Angst, die Wirksamkeit ihrer Werbung zu verringern, indem sie Kunden davon abhalten, sofort zu kaufen. Hauptsächlich ist diese Angst darauf zurückzuführen, dass sie kein Nachverfolgungssystem haben, das die Leads verfolgt und „warm hält", bis sie in der Zukunft kaufen. Wir werden sehen, wie man das in Kapitel 4 macht.

Wenn du wirklich am Ein-Schritt-Ansatz festhalten und deine Strategie überhaupt nicht ändern möchtest, sorge zumindest dafür, dass dein Angebot

wirklich unwiderstehlich, kühn und anders als die
anderen ist.

3. Leadgenerierung (Mehrstufig)

Diese Art von Werbung versucht nicht sofort, echte
Kunden anzuziehen. Ihr einziger Zweck ist es,
interessierte Leads zu generieren, ich nenne es „Info-
First"-Werbung.

Es geht nicht darum, eine Broschüre anzubieten,
sondern relevante Informationen, die einen Nutzen
bieten, auch wenn man sich entscheidet,
anschließend nichts zu kaufen.

Diese Art von Werbung kann markenbezogen sein
oder nicht. Ein gutes Beispiel für markenbezogene
Leadgenerierung ist die von Fisher Investment: Sie
bietet kostenlose Leitfäden und Berichte für Personen
an, die kurz vor der Rente stehen und mindestens
500.000€ an Vermögen besitzen.

Leadgenerierung ohne Marke erzeugt oft mehr Leads
mit weniger Budget. Ein Beispiel sind Werbungen,
die Neugier wecken, faszinieren, oft von
Geheimnissen und Enthüllungen sprechen, ohne klar
zu machen, welche Firma dahintersteht. Achtung: In
einigen Branchen könnte dieser Ansatz verboten sein,
daher ist es deine Verantwortung, dessen Legalität zu
überprüfen.

Große Unternehmen, die Leadgenerierung betreiben,
verwenden oft parallel beide Typen: mit und ohne
Marke.

4. Hybrid

Das Kombinieren verschiedener Arten von Werbung ist möglich, aber sehr schwierig umzusetzen, weil es das Risiko birgt, den Kunden zu verwirren.

Leadgenerierung wird oft grob zur Markenbekanntheit hinzugefügt und erzielt schlechte Ergebnisse.

Direct Response kann in derselben Werbung als Antrieb für die Marke existieren, aber die Priorität muss die sofortige Antwort sein.

Den Raum mit Logos und Namen in riesigen Buchstaben zu füllen, stiehlt der Call-to-Action die Show, und daher musst du dich fragen, was für dich wichtiger ist: in Zukunft erinnert zu werden oder eine sofortige Antwort zu erhalten?

Wenn du möchtest, dass deine Werbung zu vielen Zwecken dient, wirst du sicherlich keinen einzigen davon zufriedenstellend erfüllen können.

KAPITEL 4

Werbung lebt nicht auf einer Insel

Einer der Hauptgründe für das Scheitern von Werbung ist, dass sie isoliert und getrennt betrachtet wird, während sie Teil eines integrierten Systems zur Gewinnung neuer Kunden sein sollte. Dieses System muss Werbung, Verkauf und Marketing nahtlos miteinander verbinden und idealerweise einen neuen Kunden zu einem Stammkunden machen.

Dennoch fehlt in vielen Unternehmen dieses System: Verkäufer verkaufen, Werbung wird an Agenturen und Social-Media-Experten delegiert, während Marketing oft vernachlässigt oder von Personen gehandhabt wird, die andere Aufgaben haben, obwohl es eine Brücke zwischen Werbung und Verkauf sein sollte.

Wenn du entschlossen bist, dieses System zu organisieren, wirst du enorme Vorteile daraus ziehen, aber sei gewarnt: Alle, die jetzt auf getrennten Inseln leben, werden sich dagegen wehren.

Betriebssysteme sind eine Notwendigkeit, sie treiben dein Unternehmen voran, und Menschen sollten sich darauf beschränken, diese Systeme zum Laufen zu bringen.

Leider sind Marketing-Systeme nicht die Norm in gewöhnlichen Unternehmen, aber sie sind immer in erfolgreichen kleinen und großen Unternehmen vorhanden (und die kleinen werden oft groß dank dieser).

Werbung sollte dazu dienen, einen potenziellen Kunden dazu zu bringen, den ersten Schritt/den ersten Kauf zu tätigen, um „die erste Tür" zu öffnen.

Die erste Tür ist der Ausdruck des Interesses an deinem Produkt oder Dienstleistung.

Werbung kann auch ungeeignete Kunden abschrecken und aussieben, wie es zum Beispiel Fisher Investment tut: „...wenn du ein Vermögen von mindestens 500.000€ hast".

Sie kann auch einen potenziellen Kunden durch eine kleine Transaktion qualifizieren, zum Beispiel ein kostenloses Buch mit zu zahlendem Versand oder eine kleine erstattungsfähige Summe, um die Anwesenheit bei einem bestimmten Ereignis/Termin zu garantieren. Dies wird als „Tripwire" bezeichnet. Es ist ein Betrag, der niedrig genug ist, um wirklich Interessierte nicht abzuschrecken, aber ausreichend, um Zeitverschwender fernzuhalten.

„Content Marketing" macht keinen Sinn

Wenn du nicht im Verlags- oder Unterhaltungsgeschäft bist, bist du NICHT im Content-Marketing-Geschäft, lass dich nicht täuschen.

Du musst dich auf Inhalte konzentrieren, die verkaufen.

Du kannst nicht nur mit Inhalten werben, sondern mit Verkaufsbotschaften, die als Inhalte getarnt sind.

Diese „Inhalte" müssen darauf ausgerichtet sein, Autorität bei einer ganz bestimmten Zielgruppe aufzubauen, um „eine Heilung verschreiben" zu können, anstatt einfach nur zu verkaufen.

Info-first unterscheidet sich deutlich vom Content Marketing, da die Information nur ausreicht, um den Interessenten zum nächsten Schritt zu bewegen. Ich interessiere mich nicht für Verbrauchsstatistiken des Inhalts (Likes, Ansichten), sondern nur für das, was mir erlaubt, Konversionen, Einstiege in den Funnel und Verhalten innerhalb des Funnels zu messen.

Es gibt Bereiche, in denen Content Marketing gut funktioniert, zum Beispiel bei Spielzeug und Videospielen. Der Erfolg des Films Frozen II hat zum Beispiel zum Verkauf vieler Spielzeuge von Hasbro geführt. Filme, Fernsehserien und Cartoons können als indirekte Werbung für Spielzeug und Themenparks dienen (und umgekehrt).

Wichtig ist, dass du nicht in die Falle tappst zu glauben, dass du auch Inhalte für Blogs, Social Media und YouTube produzieren musst, nur weil es alle tun.

Vom Käufer zum Kunden

Viele Unternehmer denken, dass der erste Kauf

bereits ein Sieg ist, aber die Schlaueren wissen, dass es nur der Anfang des Konversionsprozesses ist.

Marketing sollte sich darum kümmern, Zweifel nach dem Kauf zu beseitigen und die Kundenzufriedenheit zu fördern. Wenn für Ergebnisse die Nutzung des Produkts erforderlich ist, dann müssen die eigenen Medien dazu motivieren und bei der Nutzung unterstützen.

Das ist der Fall bei der milliardenschweren Marke PROACTIV von Guthy Renker, für die ich persönlich Werbung und Marketing entwickelt habe: Verbraucher wurden in die Lage versetzt, nie ohne Produkt zu sein, durch die automatische monatliche Erneuerung der Bestellung, aber die Kontrolle über die Stornierung basierte auf der Motivation, das Produkt täglich über einen ausreichenden Zeitraum zu verwenden, um Ergebnisse zu sehen.

Wenn jeder bestehende Kunde mehrere Wiederholungskäufe tätigt, benötigst du weniger neue Kunden, deshalb ist es so wichtig, sich auf die Erhöhung der Kaufhäufigkeit zu konzentrieren.

Dann gibt es die Diskussion über den unterschiedlichen Kundenwert, die Fehler verhindert, die durch die bloße Betrachtung der sofortigen Zahlen einzelner Werbekampagnen entstehen könnten.

Angenommen, im Fall eines A/B-Tests liefert Kampagne (oder Medium) A mehr Front-End-Kunden (Einzelkauf oder erster Kauf) aber weniger Back-End-Kunden (wiederholte Käufe oder Käufe von höherem Wert). Aus diesen Gründen ist es wichtig,

Käufe und Verhaltensweisen von Kunden aus verschiedenen Kampagnen/Medien über einen längeren Zeitraum zu verfolgen.

Wenn wir nur die sofortigen Ergebnisse messen, könnten wir denken, dass Kampagne A besser ist als B, was ein großer Fehler wäre.

Letztlich basiert Werbung auf 2 Dingen, die Hand in Hand gehen: Zahlen und die Psyche des Kunden.

Die gleiche Werbung, die nicht funktioniert, wenn ein organisiertes und effizientes Marketingsystem fehlt, kann sehr profitabel sein, wenn dieses System vorhanden ist und gut funktioniert. Werbung kann zum Kauf führen, aber sie kann den Wert des Kunden nicht erhöhen.

Also, was ist Werbung?

Die Realität ist, dass alles Werbung ist oder eine Fortsetzung davon; Erfolg erfordert Konsistenz, besonders wenn dein Ziel die Beziehung ist, nicht nur die einfache Transaktion.

Wenn du möchtest, dass deine Werbung funktioniert, musst du sie konsistent in die gesamte Kundenbeziehung und das Kundenerlebnis integrieren.

KAPITEL 5

Deine Werbung wird nie wieder scheitern

Ich bin Darin Spindler und seit meiner Kindheit habe ich mich immer für Marketing und Geschäft interessiert. Die wichtigsten Dinge, die ich jedoch gelernt habe, verdanke ich Dan Kennedy, insbesondere dem Markt-Nachricht-Medien-Dreieck.

Nur wenn du diese 3 Elemente hast, weißt du, wen du anziehen möchtest und wie du es tun kannst.

Warum es das Wichtigste ist, eine Kundenliste aufzubauen

Wir haben mit dem Geburtstagsclub begonnen, bevor wir unsere Pizzeria überhaupt eröffnet haben. Das Konzept ist einfach: Melde dich an, um an deinem Geburtstag ein Geschenk zu erhalten.

Auf diese Weise haben wir jedoch ein ganzes System aufgebaut, um das ganze Jahr über Verkäufe zu generieren. Es gibt unendlich viele Möglichkeiten, Hype zu erzeugen, bevor der Ort überhaupt in Betrieb ist, warum also nicht mit einem Knall starten?

Jetzt gibt es auf der Website meiner Pizzeria ein Banner, das genau erklärt, wie man eine kostenlose Pizza an seinem Geburtstag bekommt, man muss sich nur mit Namen, Adresse, Geburtstag und Telefonnummer registrieren.

Im Gegenzug bieten wir eine Pizza nach Wahl für das vorgesehene Datum an, aber nur für diejenigen, die vor Ort essen kommen. Wie du dir vorstellen kannst, ist es unwahrscheinlich, dass jemand alleine in die Pizzeria kommt an seinem Geburtstag. Tatsächlich generiert dieses Angebot konstant mehr als 21 Dollar für jede kostenlose Pizza.

Nachdem sich ein Kunde registriert hat, bitten wir ihn per E-Mail, dieses Angebot in den sozialen Medien zu teilen oder die E-Mail an einige seiner Freunde weiterzuleiten, um die Anzahl der Anmeldungen zu erhöhen.

Wir erlauben auch, bis zu 6 Familienmitglieder für jede Geburtstagsclubkarte zu registrieren.

Derzeit hat unsere Kette die Geburtstage von 40.000 Personen registriert, verteilt auf 24.000 Karten, was durchschnittlich 1,5 Mitglieder pro Familie bedeutet.

3 Wege, eine Liste aufzubauen

1. Facebook;

2. Direktmailing;

3. Zeitungsbeilagen.

Facebook

Facebook ist ein ausgezeichnetes Werkzeug, um Kunden anzuziehen, besonders im Gastgewerbe und Unterhaltungssektor. Du kannst das Publikum nach Interessen (Liebhaber von gutem Essen/Wein/Bier usw.) und Ausgabefähigkeit (Alter, Beschäftigung usw.) auswählen.

Die Schlauen wissen auch, wen sie NICHT anziehen wollen. In meinem Fall sind das diejenigen, die eine Pizza für 5 Euro wollen. Ich versuche nie, sie anzuziehen, obwohl sie manchmal trotzdem in den Raum kommen (und oft negative Bewertungen schreiben, weil sie die hohe Qualität unserer Rohstoffe nicht schätzen). Diese Leute achten nur auf den Preis.

Eine weitere starke Waffe, die Facebook uns zur Verfügung stellt, ist die Möglichkeit, mit Werbung Menschen zu erreichen, die bald Geburtstag haben, und damit die Chance zu erhöhen, dass sie sich für die kostenlose Pizza anmelden.

Die Kampagne zur Gewinnung von Mitgliedern für den Geburtstagsclub ist ein hervorragendes Beispiel für eine Evergreen-Kampagne, die du einrichten und monate-, sogar jahrelang laufen lassen kannst, solange sie funktioniert. Unser Rekord war 3 Jahre, ohne etwas zu ändern.

Direktmailing

Unser Restaurant befindet sich in einem Viertel, in dem das mittlere Familieneinkommen bei 50.000$

liegt, aber das ist nicht unser ideales Ziel.

Wir bevorzugen es, unser Budget für den Versand von Flyern per Post in anderen Vierteln zu verwenden, wo das Familieneinkommen zwischen 80.000-110.000$ liegt und die Wahrscheinlichkeit, auswärts zu essen, deutlich höher ist.

Wir senden nicht nur Flyer, sondern auch echte Briefe oder große Postkarten (unmöglich zu ignorieren).

Marketing per Post mag altmodisch erscheinen, aber es ist eine hervorragende Möglichkeit, sich von der Konkurrenz abzuheben und Aufmerksamkeit zu erregen.

Zeitungen

Gedruckte Zeitungen sind im Niedergang, das stimmt, aber wir haben es geschafft, auch sie zu nutzen.

Wir haben mit klassischen Anzeigen neben Artikeln begonnen, aber das hat nicht besonders gut funktioniert. Beim Durchblättern der Sonntagszeitung bemerkte ich, dass viele lokale Unternehmen den „Free Standing Insert", Coupon-Blätter, die in die Zeitung eingefügt wurden, nutzten.

Ich beschloss, es mit denselben Flyern zu versuchen, die ich per Post verschickte, wobei ich den Link durch einen speziell für diese Werbung bestimmten Link ersetzte. Die Ergebnisse waren sehr ermutigend, und wir haben auch weniger ausgegeben als beim Versand per Post.

Über die 3 Methoden hinaus

Neben diesen 3 Methoden haben wir unseren Geburtstagsclub auch auf Messen, auf Coupon-Plattformen, bei Spendenaktionen, im Radio usw. beworben.

Sobald du ein System hast, das funktioniert, gibt es keine Grenzen für die Möglichkeiten, es zu bewerben!

Viele Unternehmer haben Angst vor dem Wort kostenlos, aber sie denken nicht an die untragbaren Kosten, keine Liste zu haben.

Für 4 Jahre haben wir jeden Freitag eine E-Mail pro Woche an unsere Liste gesendet, um sie über Neuigkeiten im Restaurant auf dem Laufenden zu halten, zusammen mit einem Angebot.

Das Ergebnis ist, dass 40% des wöchentlichen Umsatzes von Personen auf der Liste stammen, unseren treuesten Fans.

Die Liste hat uns gerettet

Dan Kennedy wiederholt immer den Satz: „Grabe den Brunnen, bevor du Durst hast".

Glücklicherweise habe ich auf ihn gehört, denn als die Pandemie 2020 kam, grub ich diesen Brunnen bereits seit 3 Jahren.

Die Kunden konnten nicht mehr vor Ort essen, zum Glück hatten wir bereits eine solide Liste von

Kontakten, mit denen wir sofort kommunizieren konnten. Wir informierten sie sofort, dass wir uns persönlich um die Lieferungen kümmern würden, um UberEats & Co. zu umgehen und unserem Team zu ermöglichen, weiterzuarbeiten.

Darüber hinaus haben wir Heimwerker-Kits erstellt, die zu Hause mit unseren Live-Tutorials auf Zoom und anderen Initiativen zusammengesetzt werden konnten, um die Fanbasis zu stärken.

Viele Restaurants mussten zur gleichen Zeit Mitarbeiter entlassen, und einige haben sich nie von dem Schlag erholt. Alles, weil sie keine Liste hatten, mit der sie kommunizieren konnten, und nur von Laufkundschaft abhängig waren.

KAPITEL 6

Die große Lüge

Die große Lüge der Werbung ist zu denken, dass neue Medien auch neue Taktiken und Strategien erfordern. Es ist erstaunlich, wie Experten für neue Medien und Agenturen Dienstleistungen bewerben, deren Ergebnisse nicht messbar sind. Sie sprechen über neue Metriken, aber die einzige Metrik, die wirklich zählt, ist der Umsatz... nur mögen sie es überhaupt nicht, darüber zu sprechen.

Den Umsatz zu messen, zwingt dich, entschlossen und unerbittlich in der Messung des ROI, der Kapitalrendite, zu sein. Dies ist der einzige Weg, um zu verstehen, was funktioniert und was nicht, und das gilt sowohl für Werbetafeln als auch für YouTube-Videos.

Wer dir etwas anderes sagt, ist ein Narr oder ein Lügner. Wenn es ein Medium gibt, in dem die Ergebnisse, die zählen, nicht verfolgt werden können, nutze es nicht. Punkt.

Welche Kunden möchtest du?

Erfolg kommt selten zufällig, sondern ist die Summe der Entscheidungen, die jeder von uns trifft. Sicher, ein bisschen Glück hilft immer, aber ohne die richtigen Entscheidungen reicht es nicht aus. Aus diesen Gründen sage ich, dass die Kunden, die du hast, von den Entscheidungen abhängen, die du triffst. Wenn sie dir nicht gefallen, ist es deine Schuld. Wenn du nicht bekommst, was du willst, liegt es daran, dass du deine Ziele nicht klar definiert hast.

Der erste Schritt, deine Kunden auszuwählen, beginnt mit der Werbung. Deshalb solltest du dich immer fragen: Ist sie so konzipiert und erstellt, um die Kunden anzuziehen, die ich möchte?

Von dieser Frage hängt die Länge des Textes ab, den du schreiben wirst, das Medium, das du wählst, das Format, usw.

Oft funktionieren längere Texte besser als kurze, es sei denn, sie sind langweilig oder nicht auf die richtige Zielgruppe fokussiert. Auch wenn es wahr ist, was alle sagen, nämlich dass die durchschnittliche Aufmerksamkeitsspanne abnimmt, bist du sicher, dass du eine durchschnittliche Person als Kunden haben möchtest? Normalerweise ist sie dumm und hat wenig Geld.

KAPITEL 7

Die Grundlagen der Werbebotschaft

Dieses Kapitel allein kann dich durch die Entwicklung deiner Werbung führen.

Es gibt 4 wesentliche Elemente, damit eine Werbebotschaft funktioniert, egal auf welchem Medium. Lass uns sehen, welche das sind:

1. Nachricht;

2. Versprechen eines Nutzens;

3. Behauptung der Überlegenheit gegenüber der Konkurrenz;

4. Spezifischer Handlungsaufruf (CTA).

Wenn deiner Werbung einige dieser Elemente fehlen, ist es keine Werbung oder es handelt sich um Markenbekanntheit, ein Luxus, den sich viele kleine Unternehmen nicht leisten können.

Wenn du eine funktionierende Werbung willst, muss sie diese 4 grundlegenden Elemente enthalten.

Achtung! Gefahr!

<u>Erste Warnung:</u> Du wirst viele Werbungen sehen, die nicht den gerade aufgeführten Standards entsprechen, lass dich nicht verwirren. Die Tatsache, dass viele Menschen dumme Dinge tun, macht diese Handlungen nicht plötzlich klug. Lass dich nicht täuschen.

<u>Zweite Warnung:</u> Viele Leute werden dir widersprechen (Experten, Agenturen, Mitarbeiter, Familienmitglieder). Hör nicht auf sie, oder du wirst scheitern.

1. Nachricht

Der große Werber David Ogilvy sagte: „Wenn du keine Neuigkeiten hast, warum bewirbst du es dann?"

Etwas an dir oder deinem Produkt sollte interessant, bemerkenswert sein, genau wie jene Restaurants, die ein saisonales, limitiertes Gericht oder eine verbesserte Version eines Klassikers bewerben.

Viele große Unternehmen haben ihren Aufstieg mit solchen Nachrichten begonnen; Invisalign zum Beispiel machte Schlagzeilen, indem es unsichtbare Zahnspangen bewarb, als es nur metallische gab.

Es ist notwendig, das zu finden, was dich von der Konkurrenz abhebt. Je kühner die Nachricht, desto disruptiver wird die Nachricht sein.

Gary Halbert, ein berühmter Copywriter, schrieb eine der berühmtesten schlagzeilenartigen Überschriften, um das Parfüm einer Hollywood-Diva zu bewerben:

„Tova Borgnine schwört, dass ihr neues Parfüm keine illegalen Aphrodisiaka oder sexuellen Stimulanzien enthält.“

Eine solche Werbung hat alles, um echte „Breaking News“ zu sein!

Kühnheit ist immer die Antwort, denke daran, dass „schüchterne Verkäufer unterernährte Kinder haben“.

2. Versprechen des Nutzens

Der Nutzen kann das Entkommen aus negativen Umständen, Schmerzen und Ängsten aller Art sein.

Oft ist die Flucht vor etwas Negativem effektiver als einfach etwas Besseres zu haben.

Unabhängig davon, ob du dich auf das Positive oder das Negative konzentrierst (immer besser, beide Lösungen mit einem A/B-Test zu testen), denke daran, dass die Macht der Werbung aus den Emotionen kommt, nicht aus einfachen Fakten.

Menschen kaufen zuerst aus Emotionen und rechtfertigen den Kauf dann logisch.

Die besten Vorteile sind die, die die persönliche Sphäre betreffen, vergiss das nie.

3. Behauptung der Überlegenheit gegenüber der Konkurrenz

Oft in einer USP (Unique Selling Proposition) oder

einer UVP (Unique Value Proposition) zusammengefasst. Um es einfach zu machen, musst du die Frage beantworten:

„Was gibt dir das Recht, hier zu sein, außer dass du Geld verdienen willst?"

Hier ist die Antwort von Rhino Shield Farbe:

„Mit unserer speziellen Keramikfarbe musst du dein Haus nie wieder streichen und in 10 Jahren sieht es noch aus wie frisch gestrichen, garantiert!"

Das nenne ich einen legitimen und spezifischen Unterschied, essenziell, um die Konkurrenz zu schlagen. Kreative oder niedliche Slogans sind nutzlos!

Es tut mir leid, das zu sagen, aber du musst einen guten Grund haben, auf dem Markt zu sein, es reicht nicht zu behaupten, dass es deine Leidenschaft ist oder dass du immer davon geträumt hast, das zu tun, du kannst es dir nicht leisten, einer von vielen zu sein.

4. Spezifischer Handlungsaufruf (CTA)

Menschen können in der Regel gut spezifischen Anweisungen folgen, was sie tun sollen. Im Gegenteil, wenn sie zu viele Optionen oder vage Anweisungen haben, werden sie verwirrt. Und ein verwirrter Kunde kauft nichts.

Die Werbung muss genau erklären:

1. as du willst, dass sie danach tun;

2. was passieren wird, wenn sie es tun;

3. welchen Nutzen sie davon haben werden;

4. warum es wichtig ist, dass sie es sofort tun.

All diese Dinge zu tun, garantiert nicht den Erfolg deiner Werbung, aber sie nicht zu tun, garantiert deinen Misserfolg.

Ein anderer berühmter Copywriter und mein Freund, John Carlton, stellt sich den durchschnittlichen Kunden als einen großen, schlafwandelnden Faultier vor, der auf dem Sofa lebt. Er sagt, dass die Werbung in der Lage sein muss, dieses Faultier dazu zu bringen, aufzustehen und zum Telefon oder Computer zu rennen. Wenn deine Werbung nicht so kraftvoll ist, muss sie überdacht und neu geschrieben werden.

Zwei sind die Schlüsselpunkte, um sie kraftvoll zu machen:

1. Erfasse den mentalen Dialog des Kunden. Deine Werbung sollte nicht über dein Produkt oder deine Dienstleistung sprechen, sondern zu deinem Kunden über seine Probleme sprechen, am besten mit denselben Worten, die ihm bereits durch den Kopf gehen;

2. Wir können nicht erwarten, dass Menschen in ihrem eigenen Interesse handeln, besonders kurzfristig, ohne sorgfältig zum Kauf geführt zu werden. Schließe immer einen passenden und klaren Handlungsaufruf ein.

KAPITEL 8

Wie man mit Beratungen die richtigen Kunden anzieht

Wenn du für den Verkauf deiner komplexen Dienstleistungen irgendeine Form von Beratung benötigst, wird dir dieses Kapitel sehr nützlich sein. Wenn du diesen Richtlinien folgst, kannst du die Anzahl der Kunden fast automatisch verdreifachen, aber zuerst lass mich dir eine Geschichte erzählen.

"Es gab zwei Dörfer, die ihr Wasser aus einem nahegelegenen Brunnen holten. Jeden Morgen mussten alle aufstehen, ihren Eimer nehmen und zum Brunnen gehen. Das System funktionierte, es war einfach, aber auch körperlich anstrengend. Wenn jemand an diesem Tag krank war, musste er auf die Freundlichkeit anderer hoffen. Bei schlechtem Wetter konnten sie ohne Wasser bleiben. Im Sommer waren viel mehr Anstrengung und viel mehr Fahrten zum Brunnen notwendig.

Eines Tages hatte der Anführer eines der beiden Dörfer eine Idee: einen Aquädukt zu bauen. Der Führer des anderen Dorfes war wegen der hohen Kosten, Zeit und Anstrengung, die für den Bau notwendig waren, dagegen. Er hatte nicht vor, die Mühe, einen Aquädukt zu bauen, zur bereits anstrengenden Aufgabe, Wasser mit Eimern zu transportieren, hinzuzufügen. Also entschied er sich, das alte, aber billige und einfache System weiter zu verwenden.

Nachdem der Aquädukt fertiggestellt war, begann das Dorf, das ihn gebaut hatte, sich sehr schnell zu entwickeln, die Landwirtschaft und Viehzucht profitierten enorm. Auch die hygienischen Bedingungen verbesserten sich sehr.

Im anderen Dorf blieb alles gleich, außer dass viele in das benachbarte Dorf umzogen, was die Arbeitskraft reduzierte. Sie behaupteten weiterhin, dass der Aquädukt zu teuer und zu anstrengend sei, dass er die Tradition brechen würde und dass er sowieso nicht funktionieren könnte, weil ihr Dorf „anders" war. In jedem Fall hatten sie weder das Geld noch die Arbeitskraft, um ihn zu realisieren, weil das andere Dorf ihre besten Arbeiter „gestohlen" hatte.

Kurz gesagt, sie machten nie Fortschritte, das Einzige, was weiter wuchs, war der Groll gegenüber ihren Nachbarn, denen sie die Schuld an ihrem Scheitern gaben."

Kommt dir diese Geschichte bekannt vor?

Tatsächlich ist es die Geschichte vieler kleiner Unternehmen, die sich entscheiden, klein zu bleiben und ihre Probleme nicht zu lösen.

Warum tun sie das?

Weil sie Komplexität hassen; leider gibt es jedoch keine einfachen Lösungen für komplexe Probleme.

Die Wahrheit ist, dass die meisten Unternehmer die Schwierigkeit, einen profitablen Kunden zu gewinnen, enorm unterschätzen, deshalb versuchen sie, dies auf die billigstmögliche Weise zu tun, und scheitern. Anstatt in die Tiefe zu gehen und zu verstehen, warum es nicht funktioniert hat, beschränken sie sich darauf zu sagen „Facebook funktioniert nicht!", „SEO funktioniert nicht!" usw., und versuchen dann eine neue billige Methode, die ebenfalls nicht funktionieren wird. Und so weiter ad infinitum.

Die Grundlagen der Leadgenerierung

Um einen Interessenten dazu zu bringen, sich zu melden und Interesse an einer Zusammenarbeit mit dir zu zeigen, musst du ihm einen guten Grund für die Interaktion geben: wir nennen das Leadgenerierung.

Wenn dein einziger Grund ist: „Weil wir gut sind, wahrscheinlich besser als dein aktueller Anbieter, gib uns eine Chance!", wirst du niemanden dazu motivieren, dich anzurufen, außer die Verzweifelten. Außerdem müssen sie notwendigerweise diese Merkmale haben:

1. Sie müssen bereits entschieden haben, das zu kaufen, was du verkaufst;

2. Sie müssen bereits entschieden haben, es von dir und nicht von deinen Wettbewerbern zu kaufen;

3. Sie müssen bereit sein, sofort zu kaufen.

All diese Hürden bedeuten, dass nur sehr wenige Menschen dich kontaktieren werden. Die Realität ist, dass es sehr wenige Kunden gibt, die sofort bereit sind zu kaufen, noch weniger sind diejenigen, die dich kennen, und darüber hinaus gibt es eine Fülle von Optionen auf dem Markt.

Indem wir ein Angebot machen, können wir anfangen, eine Kontaktliste aufzubauen und mit ihr einen Kundenstrom, der eines Tages bereit sein wird zu kaufen und in Richtung einer Beratung geführt werden muss.

Wie man ein Angebot erstellt

Es gibt zwei große Kategorien von Angeboten: kostenlose Informationen oder kostenlose Beratung.

Kostenlose Informationen

Wenn du nicht weißt, wo du anfangen sollst, ist es ideal, einen Leitfaden zu erstellen, der deinem idealen Kunden hilft zu verstehen, wie er sich in der Branche orientieren und die verschiedenen Dienste/Profis nach seinen Bedürfnissen bewerten kann.

Ich gebe dir ein Beispiel: Wenn ein Kunde einen IT-

Berater für sein Unternehmen sucht, wie kann er wissen, wer der kompetenteste, ehrlichste und für ihn geeignetste ist? Welche Fragen sollte er ihm stellen, um all diese Dinge herauszufinden? Ein nützliches Werkzeug könnte ein Leitfaden mit dem Titel „21 Fragen, die du deinem neuen IT-Berater stellen solltest, bevor du einen Vertrag unterschreibst, um Katastrophen zu vermeiden." sein.

Hier sind einige Möglichkeiten, kostenlose Informationen anzubieten:

- Kostenlose Guides oder Berichte;

- Interviews, Podcasts;

- Bücher oder E-Books;

- Interaktive Quizze;

- Seminare, Webinare.

Kostenlose Beratung

Kostenlose Beratung ist nichts anderes als ein Verkaufstermin, aber um die Kunden nicht abzuschrecken, nennen wir es Beratung. Noch besser, wenn es gelingt, etwas Spezifischeres zu finden, das mit dem Sektor, in dem ihr tätig seid, verbunden ist, zum Beispiel „IT-Sicherheits-Check-up".

Hier sind einige Beratungen, die du anbieten kannst:

- Erster kostenloser Dienstanruf;

- Kostenlose Diagnose;

- Medizinischer Check-up;

- Geschenk beim ersten Termin;

- Kostenlose Testphase für eine bestimmte Zeit.

Warum du beides brauchst

Um die Anzahl der Beratungen zu maximieren, musst du beide Optionen anbieten, denn wenn du nur kostenlose Beratungen anbietest, verpasst du die Gelegenheit, diejenigen anzuziehen, die gerade erst anfangen darüber nachzudenken, aber noch nicht bereit sind, mit jemandem zu sprechen.

Kostenlose Informationen müssen so gestaltet sein, dass sie den Kunden zur kostenlosen Beratung führen.

Außerdem ist es entscheidend zu verstehen, dass:

1. Kostenloses Material gut "verkauft" werden muss. Auch wenn du etwas kostenlos anbietest, heißt das nicht, dass es sich von selbst verkauft. Du musst immer noch überzeugend präsentieren, genau wie bei einem bezahlten Angebot. Denke immer daran, wenn du deine Marketingmaterialien schreibst.

2. Um die Antwortrate zu erhöhen, solltest du eine Deadline oder eine Form der Knappheit haben. In manchen Fällen macht es keinen Sinn, dies zu nutzen, aber du solltest es tun, wann immer es möglich ist. Zum Beispiel könntest du bei einem Webinar sagen, dass es keine Aufzeichnung geben wird, um so die

Teilnahme zu erhöhen.

Eine weitere Strategie ist, einen Bonus für die ersten 10 anzubieten, die sich für ein Event registrieren oder das Angebot annehmen.

Wenn du eine Art von Check-up anbietest, kannst du entscheiden, ihn nicht immer für alle auf deiner Website verfügbar zu machen, sondern spezifische Kampagnen für ausgewählte Prospect-Gruppen zu erstellen, unter Verwendung von Knappheit und dedizierten Landing Pages.

1. Du brauchst ein Standardangebot, das das ganze Jahr über genutzt werden kann und über das sofortige Bedürfnis hinausgeht. Zum Beispiel, wenn eine Werkstatt nur im August einen kostenlosen Ölwechsel anbietet, könnten nur wenige Leute dies benötigen. Wenn sie jedoch einen kostenlosen Check-up vor dem Urlaub anbieten würden, könnten sie viel mehr Interessenten gewinnen, auch diejenigen, die keinen sofortigen Bedarf haben (besonders wenn sie es im Frühjahr-Sommer bewerben).

2. Alles, was du anbietest, muss einen echten Wert bieten. Wenn du keinen Wert im Voraus bietest, wie können sie dann verstehen, dass deine Dienste wirklich nützlich sind?

3. Das Bewerben kostenloser Informationen ist das perfekte Angebot, wenn du nicht viel Platz für lange Texte hast. Zum Beispiel im Fall von Facebook-Anzeigen, wo ein gut geschriebener Titel ein Buch, Webinar usw. verkaufen kann.

Eine Beratung zu verkaufen ist schwieriger, weil sie mehr Erklärungen darüber benötigt, wie sie funktioniert und was danach passiert.

4. Jede kostenlose Information muss zwei Dinge erreichen. Zuerst muss sie so gestaltet sein, dass sie Interesse an deinem Geschäft weckt und eine Beratung bucht. Zuletzt muss sie dich auch als Experten in deinem Bereich positionieren und alle anderen Optionen ausschließen.

5. Sobald du kostenlose Informationen gefunden hast, die gut funktionieren, verwandle sie in andere Formate. Wenn du ein Webinar hast, das gut funktioniert, verwandle es in ein Buch, einen herunterladbaren Leitfaden, ein YouTube-Video, Podcast usw. Je mehr Formate du hast, desto mehr Menschen erreichst du, weil jeder seine bevorzugten Formate und Plattformen hat, manche bevorzugen es zu hören, zu schauen oder zu lesen.

6. Um diejenigen zu konvertieren, die kostenlose Informationen angefordert haben, musst du Follow-ups per E-Mail, Telefonanrufe und auch per Post durchführen, wenn möglich, um die berühmte kostenlose Beratung zu vereinbaren.

Eine kostenlose Beratung bewerben

Jeder, der komplexe Lösungen anbietet, neigt bereits dazu, eine kostenlose Beratung anzubieten.

Ärzte, Finanzberater, Anwälte und ähnliche Berufe müssen "eine Lösung verschreiben", weil sie keine Produkte verkaufen, die einfach "in den Warenkorb gelegt" werden können.

Das Problem ist, dass sie es schlecht machen, ohne einen gut etablierten Prozess, der für alle gleich ist. Der gesamte Prozess basiert auf der Stimmung des Augenblicks oder den Empfindungen, die man mit dem Prospect hat.

Deshalb muss zuerst der Prozess abgebildet werden: vom ersten Kundenkontaktpunkt bis zu dem, was während des Telefonats gesagt wird. Versuche, die häufigsten Bedenken vor dem eigentlichen Verkaufstermin (der sogenannten Beratung) zu beantworten.

Wenn sich Kunden oft über den Preis beschweren, erkläre sofort die Gründe: warum wir mehr Techniker pro Kunde haben, schnellere Antworten, 24/7, keine Call-Center im Ausland usw.

Ein guter Prozess zum Nachahmen

1. Ein Lead registriert sich, um Zugang zu kostenlosen Informationen zu erhalten und landet sofort im CRM, was eine Reihe von Nachfass-E-Mails auslöst.

2. Ihm wird sofort angeboten, eine kostenlose Beratung auf der nächsten Seite zu buchen. Bevor der Termin festgelegt wird, müssen sie einen kurzen Fragebogen beantworten. Unabhängig davon, ob sie die Beratung buchen oder nicht, erhalten sie eine E-Mail mit einem Link zu den kostenlosen Informationen, die sie angefordert hatten.

3. Diejenigen, die auf den Fragebogen antworten, können direkt über den Kalender einen verfügbaren Termin buchen.

4. Sobald die Daten aus dem Fragebogen und dem Termin eintreffen, wird ein Verkäufer zugewiesen, der den Kunden anruft, um sicherzustellen, dass es keine Fehler gibt und dass sie ihre Meinung nicht ändern. Es wird auch eine kurze E-Mail-Sequenz mit nützlichen Informationen und dem Link zum Kalender für diejenigen aktiviert, die die Beratung noch nicht gebucht haben.

5. Alle Leads werden vom Datenbankadministrator überprüft, der

Spam- oder nicht zielgerichtete Kontakte
entfernt und sicherstellt, dass alle
Informationen korrekt sind, auch durch
Recherchen auf Google oder in sozialen
Netzwerken, falls nötig.

6. Nach dieser genauen Überprüfung kann ein
   Paket per Post mit allen notwendigen
   Informationen zur Vermarktung der Beratung
   und zur Fortsetzung mit E-Mails und
   Telefonanrufen gesendet werden. Dieser
   Prozess dauert maximal 3 Wochen, oder
   weniger, falls der Kunde die Beratung bucht
   oder angibt, seine Meinung geändert zu
   haben.

7. Es wird eine Retargeting-Kampagne auf
   Facebook oder LinkedIn erstellt, um die
   kostenlose Beratung zu bewerben.

8. Wenn sie nach alledem die Beratung nicht
   buchen, werden diese Kontakte in den
   Newsletter mit allen unseren Updates und
   Blogbeiträgen aufgenommen.

9. Jeden Monat erstellen wir eine Liste von
   Personen, die den Prozess vor 6 Monaten
   begonnen haben, ohne eine Beratung zu
   buchen, und fügen sie in eine E-Mail-Sequenz
   mit einem aggressiveren Angebot ein.

Einen solchen Prozess zu erstellen erfordert viel
Arbeit, aber ich kann Ihnen versichern, dass es sich
zu 100% lohnt. Einmal aufgebaut, kann er jahrelang
ohne Änderungen weiterlaufen.

KAPITEL 9

17 Wörter für Gewinn oder Verlust

Wahrscheinlich hast du schon von Headlines gehört.

Kurz gesagt, sie sind „die Werbung für die Werbung". Die Headline ist jener Satz/Titel, der den Leser neugierig macht und ihn dazu bringt, den Rest der Werbung/Sales Letter zu lesen.

Es ist weniger eine kreative Aufgabe, als man denkt, denn das Wichtigste ist nicht, sympathisch oder intelligent zu wirken, sondern die Aufmerksamkeit des idealen Kunden magnetisch anzuziehen. Wenn du bei der Headline scheiterst, wird deine Werbung einfach ignoriert.

Wie man eine kraftvolle Headline schreibt

(Auch wenn du Mühe hast, eine Einkaufsliste zu schreiben)

In 59 Minuten oder weniger

Um eine kraftvolle Headline zu schreiben, benötigst du mindestens eines der vier essentiellen Elemente, die in Kapitel 7 erklärt wurden.

Um auf der sicheren Seite zu sein, versuche, die 17 Wörter nicht zu überschreiten, obwohl ich in diesem Fall darüber hinausgegangen bin, indem ich die Schriftgröße im zweiten Satz verkleinert habe.

Es gibt viele Vorlagen sowohl online als auch in meinem Buch „The Ultimate Sales Letter" oder dem Buch „How to Write Good Advertisement" von Victor Schwab.

Nimm dir 10 oder 20 und beginne, sie an dein Geschäft anzupassen, wähle dann zwei aus und führe einen A/B-Test durch, um zu sehen, welche besser funktioniert.

KAPITEL 10

Die 3 Hindernisse

Um erfolgreich zu sein, müssen hauptsächlich 3 Hindernisse überwunden werden:

1. Desinteresse;

2. Skepsis;

3. Widerstand.

Desinteresse überwinden

Die meisten Menschen zeigen Desinteresse gegenüber etwas Neuem, das zu ihrem ohnehin schon chaotischen Leben hinzukommt, sie sind wenig aufnahmebereit. Also, wenn deine Botschaft ignoriert werden kann, wird sie es sicherlich!

Das beste Gegenmittel gegen Desinteresse ist eine Botschaft mit diesen Eigenschaften:

- spezifisch;

- offensichtlich und klar;

- dringend.

Es gibt ein altes Marketing-Sprichwort: Wenn du an

alle verkaufst, verkaufst du eigentlich an niemanden.

Du musst nur für einige Leute die perfekte Option sein, die dich als sehr relevante Option für sich erkennen. Je präziser du bist, desto besser funktioniert deine Werbung.

Daher ist die Frage „Wer sind deine Kunden?" wichtiger als „Was hast du zu verkaufen?".

Skepsis überwinden

Die Menschen haben folgende Überzeugungen:

- Wenn es zu gut aussieht, um wahr zu sein, dann ist es das auch;

- Es muss einen Haken geben;

- Es gibt kein kostenloses Mittagessen.

Oft sind sie außerdem überzeugt, dass sie Probleme haben, die unmöglich zu lösen sind, und haben sich mit dieser Idee abgefunden. Sie vertrauen Verkäufern nicht und sich selbst nicht in Verbindung mit Verkäufern.

Kurz gesagt, Skepsis ist ein großes Hindernis.

Sozialer Beweis (social proof) ist ein sehr wirksames Gegenmittel, deshalb siehst du oft Testimonials, die behaupteten, skeptisch gewesen zu sein, aber dann ihre Meinung über ein bestimmtes Produkt geändert haben.

Also, Testimonials, Statistiken und Bewertungen sind alles Taktiken, die helfen, die Skepsis zu überwinden.

Du kannst jedoch nicht erwarten oder voraussetzen, dass dir jeder glauben wird.

Widerstand überwinden

Wie bereits gesagt, vertrauen die Menschen auch sich selbst nicht, weil sie vielleicht in der Vergangenheit falsche Entscheidungen getroffen oder sich manipuliert gefühlt haben.

Wenn deine Werbung also darauf abzielt, Kunden zu einem persönlichen Treffen oder zu einem Telefonat zu bringen, solltest du versuchen, die Spannung zu mindern. Oft werden Formulierungen wie „unverbindlich", „kostenlose Probe" usw. verwendet.

KAPITEL 11

Was ist die Big Idea?

Alle besten Werbekampagnen haben eine Big Idea im Zentrum: etwas Neues, das sie von der Konkurrenz unterscheidet und einen Vorteil verspricht.

Einer der berühmtesten Sätze von Donald Trump ist: „Wenn du schon denkst, denke groß!".

Alle erfolgreichsten Geschäfte haben eine Big Idea:

- Bezos dachte bei Amazon an den „Laden, der alles verkauft" und konkurriert mit dem „Black Friday" durch die „Amazon Prime Days";

- Als Domino's begann, Pizzen zu verkaufen, eroberten sie die Verbraucher mit dem damals revolutionären „Lieferung in 30 Minuten oder weniger, garantiert!"

- Die Resorts „The Sandals" waren die ersten, die die All-inclusive-Pakete von Kreuzfahrten an Land brachten.

Die Big Idea geht über das Produkt/Dienstleistung hinaus, sie ist etwas Allgemeineres.

Eine wunderbare Big Idea ist: „Wie man ein zweites Gehalt verdient, ohne einen zweiten Job zu haben".

Wie du siehst, ist sie vom Produkt selbst losgelöst und könnte potenziell jede Lösung verkaufen, die es ermöglicht, zu verdienen, ohne dass es eine echte Arbeit ist.

Oder schau dir diese andere an, die für Diätmahlzeiten kreiert wurde: „Essen und Gewicht verlieren". Auch hier spricht man nicht von den spezifischen Eigenschaften dieser Mahlzeiten, obwohl das manchmal passieren kann.

Im Allgemeinen spricht die Big Idea jedoch von dem, was das Produkt nicht ist, von dem, was nicht nötig ist, um es zu betreiben, oder von dem, was es eliminiert (z.B. das Übergewicht).

KAPITEL 12

Die Wichtigkeit von Tests

Der Erfolg von Werbung hängt fast nie davon ab, was du denkst, sondern von dem, was du weißt. Fakten zählen, nicht Meinungen, egal ob sie deine eigenen sind, die deiner Mitarbeiter, deiner Schwiegermutter, deines Webdesigners oder deiner Agentur.

Um Erfolg zu haben, sowohl allgemein als auch in der Werbung, musst du die Fakten respektieren und skeptisch gegenüber Meinungen sein. Und um die Fakten im Werbesektor zu bekommen, gibt es nur einen Weg: Testen und die Ergebnisse aufzeichnen.

Überraschungen durch Tests

Der berühmte Autor Tim Ferris hat den Titel seines Bestsellers „Die 4-Stunden-Arbeitswoche" ausgewählt, indem er Hunderte von Titeln mit einer Google Ads-Kampagne getestet hat. Er hat nicht gewählt, der Markt hat für ihn gewählt.

Obwohl ich ein erfahrener Copywriter bin und weiß, welche Elemente nötig sind, um eine Werbung funktionieren zu lassen, kann ich nicht wissen, welche von mehreren gültigen Optionen die beste mit

einer bestimmten Zielgruppe in einem bestimmten
Zeitraum ist. Niemand kann das wissen. Dafür sind
Tests da.

Ein Brief, der eine Million Dollar wert ist

Das ist das Ergebnis eines zufälligen Tests, der uns
die Wichtigkeit von Tests zeigt.

Für eine Woche wurde die Headline „Put music in
your life" versehentlich in „Puts music in your life"
geändert. Das finale „s" verändert die ursprüngliche
Bedeutung von „Bring Musik in dein Leben" in das
glücklichere „Bringt Musik in dein Leben".

Möchtest du wissen, warum eine einfache Änderung
des Subjekts all diesen Unterschied gemacht hat?
Einfach, „bring" erfordert Anstrengung von dem, der
liest, „bringt" verlagert die Anstrengung auf jemand
anderen.

Das berühmte Konzept des „Für dich gemacht", das
immer besser funktioniert als etwas, das persönliche
Anstrengung erfordert.

Wie auch immer, es gibt Abkürzungen, lassen Sie uns
diese ansehen.

1. Verkaufsgespräche

Es ist wichtig, sich zu merken, was ihr bereits mit
euren Kunden besprecht, besonders die
Verkaufsgespräche mit nachgewiesenem Erfolg oder

die Argumente eurer besten Verkäufer. Ich frage meine Kunden immer danach, sie helfen mir enorm bei der Erstellung von Marketingmaterialien.

2. Swipe-Dateien und legalisierter Diebstahl

Kopieren und Einfügen von Werbung oder jeglichem Text, der von anderen produziert wurde, ist illegal und falsch.

Aber, Teile von Werbung zu nehmen, die funktionieren, und sie an die eigene Situation anzupassen, ist nicht nur legal, sondern auch klug.

Mit der Zeit solltest du deine eigene „Swipe-Datei" erstellen, eine Sammlung von erfolgreichen Werbematerialien, die für deinen Sektor geeignet sind und aus denen du Inspiration schöpfen kannst.

3. Gespräche und Interviews

Nichts ist besser, als in Kontakt mit deinen idealen Kunden zu leben. Wenn du an gewöhnliche Leute verkaufst und nicht die Walmart-Supermärkte besuchst, bist du verrückt. Genauso, wenn du an ein Luxusziel verkaufst und nicht den Yachtclub besuchst.

Die Menschen sind nicht an deinem Produkt oder Dienstleistung interessiert, sondern an sich selbst, insbesondere an:

- Familie

- Arbeit

- Unterhaltung

- Geld

Also, wenn du ein Produkt/Dienstleistung verkaufst, das wenig Interesse weckt, musst du es verkaufen, indem du über eine dieser vier Dinge sprichst.

4. Einsatz von professionellen Copywritern

In den meisten Fällen kannst du dir nicht nur keine guten Copywriter leisten, du brauchst sie auch nicht.

In vielen Fällen ist das Niveau deiner Konkurrenten so niedrig, dass es ausreicht, besser als sie zu sein (und das kannst du ganz allein).

Wenn du es dir jedoch leisten kannst und dein Unternehmen skalieren möchtest, dann ist ein guter Direct-Response-Copywriter definitiv eine gute Investition.

Unterschätze niemals die Wichtigkeit des Copy (also des Textes), es ist sogar wichtiger als das Produkt oder die Dienstleistung, die du verkaufen musst, denn der Copy ermöglicht es dir, es zu verkaufen.

Bist du klüger als gestern?

Du kannst nicht reicher werden, ohne klüger zu werden.

Testen und Analysieren ermöglicht es dir, immer etwas mehr über deine Kunden und den Markt, in dem du tätig bist, zu lernen. Deshalb solltest du dich jeden Abend fragen: „Was weiß ich heute über mein Geschäft, das ich gestern nicht wusste?".

Wenn du jeden Tag keine gute Antwort auf diese Frage hast, hast du die Gelegenheit verpasst, besser zu werden.

KAPITEL 13

Die Evergreen-Assets

In meiner Karriere habe ich immer versucht, Werbe-Assets zu schaffen. Evergreen-Werbungen zu erstellen, die über die Zeit Bestand haben, macht Werbung zu einer wirklich profitablen Investition.

Leider gibt es jedoch die Tendenz, immer neue Werbungen zu kreieren.

Vor Jahren habe ich für einen meiner Kunden eine 30-minütige Teleshopping-Sendung (Infomercial) erstellt, die ganze 9 Jahre lang erfolgreich lief. Meine einzige Aufgabe in diesen Jahren war es, ihn davon abzuhalten, die Werbung zu ändern, weil er es satt hatte, sie zu sehen!

Die Wahrheit ist: Es ist einfacher, neue Leute (mit derselben erfolgreichen Werbung) zu erreichen, als eine neue Werbung zu finden, die funktioniert.

Keine Werbung erscheint alt in den Augen einer Person, die sie noch nie zuvor gesehen hat. Deshalb, sobald du eine Werbung hast, die funktioniert, musst du dich nur darauf konzentrieren, neuen Traffic darauf zu lenken.

Zum Beispiel, wenn du eine Werbung hast, die auf

einem bestimmten Medium gut performt, passe sie
an, um sie auf anderen Kanälen (Text, Video, Audio)
zu nutzen, um neue Leute zu erreichen.

Innoviere und implementiere mehr, erfinde weniger!

Thomas Edison war entgegen der landläufigen
Meinung mehr ein Promoter als ein Erfinder, alles,
was ihn berühmt gemacht hat, war bereits von
anderen erfunden worden.

Jeff Bezos hat nichts erfunden, als er Amazon
gründete.

Erfindungen können gelegentlich Ruhm und
Reichtum bringen, aber es ist viel einfacher, etwas zu
verbessern, das bereits erfunden wurde, und es
bestmöglich mit angemessenen Marketing-Systemen
zu implementieren.

Leider werden viele Unternehmer von Genialität und
neuen Erfindungen angezogen, während sie sich zu
Tode langweilen, wenn es darum geht, das zu
implementieren und zu verbessern, was bereits
existiert.

Wie immer irrt sich die Mehrheit beim „Geld
verdienen“.

Denke immer daran, dass wir oft unsere schlimmsten
Feinde sind.

Kann eine einzige Werbung dich reich machen?

Ja, absolut. Ich habe mehr als hundert Werbungen,

Verkaufsbriefe, Teleshopping-Sendungen usw. kreiert. Alle haben mindestens eine Million Dollar erwirtschaftet, einige 10 oder sogar 20.

Alles beginnt mit den richtigen Absichten und dem richtigen Zweck, man muss den Unterschied zwischen Reichtum und einfachem Einkommen verstehen.

Dazu muss man die 3 Wege verstehen, Geld zu verdienen:

1. Arbeit;

2. Menschen (vervielfachte Arbeit);

3. Geld, das für dich arbeitet (Investitionen).

Die ersten beiden generieren einfaches Einkommen, nur das dritte baut Reichtum auf.

Deshalb ist es wichtig, dass du dich darin übst, wie ein Investor und nicht wie ein einfacher Arbeiter zu denken.

Wenn du das kannst, wirst du natürlich beginnen, Evergreen-Werbungen zu erstellen, statt immer neues Material zu produzieren. Und du wirst Teil einer Elite von Aufgeklärten sein.

Einkommen kommt von dem, was du tust, während Reichtum von dem kommt, was du besitzt.

Würdest du jemals in ein Gebäude investieren, das alle 5 Jahre zerstört und neu gebaut werden muss? Sicherlich wird es in der Zwischenzeit einige Einnahmen generieren, aber es wird niemals

Reichtum schaffen. Wenn du nichts Dauerhaftes bauen kannst, was bringt es dann, Geld zu investieren?

Ebenso stelle ich mir vor, dass du niemals in ein Gebäude investieren würdest, in dem ständig Naturkatastrophen passieren: Google, Facebook, Youtube (usw.) sind unzuverlässige Plattformen für jedes Geschäft. Ich sage nicht, dass du sie nicht nutzen sollst, aber mache nie den Fehler, sie zur Grundlage deines gesamten Unternehmens zu machen.

KAPITEL 14

Ratschläge vom Gründer von Clickfunnels

Ich bin Russell Brunson, Mitbegründer von Clickfunnels.com im Jahr 2014, einem Unternehmen, das Unternehmern den Aufbau von Funnels erleichtert.

In den ersten drei Jahren seines Bestehens erzielte Clickfunnels einen Umsatz von weit über 100 Millionen Dollar und wir haben derzeit über 100.000 aktive Nutzer.

Ich bin hier, um Ihnen zu erklären, was ich in all den Jahren gelernt habe: 95 % meines Umsatzes stammen aus 3 Basistrichtern. Keine komplexen oder neuesten Modestrategien.

Ich weiß, dass grundlegende Strategien niemanden begeistern, aber sie sind diejenigen, die über Ihren Erfolg oder Misserfolg entscheiden.

Je mehr Sie sich auf das Wesentliche konzentrieren und die „Nachrichten des Tages" ignorieren, desto mehr Geld werden Sie verdienen.

Ich schaue mir jeden Tag Tonnen von Trichtern an, ich sehe Leute, die Tausende von Variationen haben, basierend auf jedem Szenario, das sie sich vorstellen können (Up-Selling, Down-Selling, Cross-Selling usw.), und doch tun es viele von ihnen nicht so gut.

Kehren wir zu den drei Grundtrichtern zurück, die 95 % meines Einkommens ausmachen, und schauen wir uns an, was sie sind:

1. Der „Tripwire Funnel", in dem der Konvertierungsprozess beginnt;

2. Der „Webinar Funnel", in dem wir beginnen, das Publikum aufzuwärmen und die Community zu pflegen;

3. Der „High End Funnel".

Wie die 3 Trichter integriert sind

In einer perfekten Welt würde ich nur meine High-End-Produkte verkaufen, im Fall meines Unternehmens (100.000-Dollar-Pakete).

Das Problem besteht darin, dass Sie sich einem Fremden nicht vorstellen und sagen können: „Hallo, mein Name ist Russell Brunson und ich bin gut im Marketing. Wenn Sie mir 100.000 US-Dollar geben, werde ich Ihr Unternehmen für immer verändern!"

Sie müssen im Vorfeld einen Mehrwert bieten (kostenlos oder kostengünstig). Woher weiß ein potenzieller Kunde sonst, ob Sie ihm helfen können oder nicht?

Ich habe zum Beispiel kürzlich ein Exemplar meines Buches an einen Mann verkauft, der, nachdem er den

Wert erkannt hatte, mich sofort um Hilfe bei der Umsetzung des Gelesenen bat. Dieses einzige Exemplar des Buches brachte mir satte 100.000 Dollar ein.

Es läuft natürlich nicht immer so gut, aber viele von denen, die auf die eine oder andere Weise einen Wert aus dem Buch ziehen, fühlen sich weiterhin zu meiner Welt hingezogen und kaufen mit der Zeit etwas von mir.

Der Schlüssel zu allem, was Sie verkaufen, liegt darin, ein Produkt und eine Erfahrung anzubieten, die den Menschen so viel Wert bietet, dass sie immer wieder zu Ihnen zurückkommen.

1. Der "Tripwire funnel"

Typischerweise handelt es sich dabei um etwas wie „kostenloses Produkt + bezahlter Versand", das sich auf uninteressierten Traffic oder Personen konzentriert, die Sie noch nicht kennen.

Um das richtige Produkt zu finden, müssen Sie darüber nachdenken, wer Ihre idealen Kunden sind und was sie wollen. Was würde sie dazu bringen, anzuhalten und Ihnen mitzuteilen, dass sie interessiert sind?

Denken Sie daran, dass der erste Verkauf, den wir tätigen, nicht dazu dient, Geld zu verdienen, sondern einen Kunden zu gewinnen, der im Laufe der Zeit mehrmals kauft.

Sobald der Kunde den Trichter betritt, müssen Sie

ihn „indoktrinieren", denn sobald er Ihr Angebot annimmt, kann es tausend Ablenkungen geben, die ihn davon abhalten können, den nächsten Schritt zu tun.

Um diese Unannehmlichkeiten zu überwinden, sende ich ihnen eine Reihe von Videos per E-Mail, um sie aufzuklären und sie beim nächsten Schritt, dem Webinar, zu begleiten.

Das gilt nicht nur für klassische Webinare, sondern für jedes Unternehmen. Stellen Sie sich vor, Sie haben ein klassisches Bekleidungsgeschäft und Ihr gesamter bezahlter Traffic wird an die Website weitergeleitet, wo es einen Rabattcode gibt, den Sie im Geschäft verwenden können (und den Sie dazu bringen, sich anzumelden).

Jedes Mal, wenn die neue Kollektion erscheint, organisieren Sie direkt von Ihrem Shop aus eine Live-Übertragung auf Facebook oder Zoom, mit der Sie den Kunden die neuen Kleidungsstücke zeigen. Versenden Sie die Einladungen einfach per E-Mail an diejenigen, die bereits mit Ihnen (über den Rabattcode) in Kontakt gekommen sind.

In der Woche vor der Veranstaltung senden Sie eine E-Mail mit einem Link zu einem Video, das einen bestimmten Gegenstand hervorhebt (und das Sie während der Live-Übertragung detaillierter zeigen).

2. Der "Webinar funnel"

Viele werden sagen, dass es nichts für sie ist, weil sie ein Restaurant oder ein traditionelles Geschäft haben, das nicht zum Webinar passt. Ich habe es bereits mit dem Bekleidungsgeschäft demonstriert und Darin Spindler (in Kapitel 5) hat es mit einem Restaurant demonstriert, anhand von Lektionen oder Bausätzen zum Zusammenbauen.

Webinare sind nicht nur für Online-Unternehmen nützlich, Sie müssen nur ein wenig Kreativität haben und darüber nachdenken.

Klassische Webinare kosten normalerweise zwischen 300 und 3.000 US-Dollar.

Normalerweise sollten „Tripwire"-Kunden sofort informiert und zum Webinar gedrängt werden, aber wenn gute Arbeit geleistet wird, kann das Webinar auch bei kaltem Datenverkehr funktionieren.

Diejenigen, die das Webinar verfolgt haben, werden jedoch aufgeklärt und in Richtung „High End Funnel" gedrängt.

3. "High end Funnel"

Dies sind die Trichter, bei denen ich normalerweise 3.000 bis 100.000 US-Dollar verlange.

Da es sehr schwierig ist, etwas so teures online zu verkaufen, bewegt diese Art von Trichter die Menschen vom Online- zum Offline-Verkauf (Verkauf per Telefon oder persönlich).

Nehmen wir das Beispiel eines Zahnarztes: Tripwire kann eine kostenlose Bleaching-Behandlung sein, die zu einem Webinar führt, das dann zu High-End-Dienstleistungen wie einem Implantat, einem

Invisalign usw. führt.

Oder ein Schönheitschirurg: Der Tripwire ist eine kostenlose Botox-Sitzung, dann gibt es ein Webinar, das zu einer High-End-Leistung wie einer echten Operation führt.

Alle Trichter sollten letztendlich zum Top-End-Trichter führen, da dies die Dienste sind, die den größten Einfluss auf die Ergebnisse Ihres Kunden haben. Darüber hinaus sind es auch die Dienste, mit denen Sie am meisten verdienen können, die mit dem höchsten Aufschlag, insbesondere wenn die Anschaffungskosten bereits durch die unteren Trichter gedeckt wurden.

Eine Taktik, die ich immer anwende, um den Aufstieg zu erleichtern, ist folgende: Auf der Danke-Seite des vorherigen Trichters schreibe ich: „Benötigen Sie Hilfe bei der Umsetzung Ihrer Einkäufe?" versucht, Upselling zu betreiben.

Normalerweise akzeptieren die Aktivsten sofort, normalerweise 1-2 %.

Dann versuche ich in den nächsten 60 Tagen, diesen Prozentsatz durch Folgestrategien auf 10 % zu erhöhen.

Im Grunde reichen Ihnen diese 3 Funnels aus, um sicherzustellen, dass Ihre Werbung nie wieder scheitert.

KAPITEL 15

Werbebudget? Unsinn

Eines, das Unternehmer und Manager gelehrt bekommen, ist die Budgetierung. Es ist eine dieser Dinge, die man macht, weil alle sie machen, aber es ist Unsinn.

Wenn eine Werbung funktioniert und dir qualitativ hochwertige Kunden zu einem niedrigen Preis bringt, warum solltest du dann stoppen, sobald das Budget erreicht ist? Das macht keinen Sinn.

Was Sinn macht, ist der ROI, die Rendite des investierten Kapitals, zu verfolgen. Wenn für jeden ausgegebenen Dollar mindestens zwei zurückkommen, gibt es keinen Grund aufzuhören, fahre fort, solange du kannst.

Direct Marketing ist das einzige, das dir jeden Tag deinen ROI verrät. Mit der Markenbekanntheit ist es viel schwieriger, vielleicht kannst du versuchen, es grob Jahr für Jahr zu berechnen.

Der einzige Weg, Risiken am besten zu managen, ist immer verlässliche und rechtzeitige Daten zur Verfügung zu haben.

Ist Werbung Kunst oder Wissenschaft?

Ich denke, du solltest die Antwort auf diese Frage mittlerweile kennen.

Viele denken, es sei ein kreativer Prozess, wenn es tatsächlich mehr ein methodischer Prozess ist. Es gibt zu befolgende Formeln und grundlegende Elemente, die einbezogen werden müssen.

Du brauchst kein „Genie", um die Methodik anzuwenden, sondern nur ein bisschen Intelligenz und Disziplin. Es ist keine Magie, aber es ist etwas, das du verstehen und zu deinem Vorteil nutzen kannst.

In diesem Buch habe ich versucht, den gesamten integrierten Prozess von Werbung, Marketing, Verkauf und Kundenentwicklung zu präsentieren; es ist eine gemeinsame und organisierte Anstrengung, keine Reihe von Unternehmensbereichen, die nicht miteinander kommunizieren.

Ich hoffe auch, den Unterschied zwischen Direct Response und dem Rest der Werbung klar gemacht zu haben, also der Werbung, die als „Kunst auf Kosten des Kunden" gemacht wird.

Vergiss niemals, dass es um dein Geld geht, du bist verantwortlich dafür, wie es ausgegeben wird.

Das Geheimnis erfolgreicher Werbung

Wie wir gesehen haben, scheitert Werbung oft, weil sie nicht in ein vollständiges System integriert ist.

Wenn ein Kunde mich einfach um eine bessere Werbung bittet, lehne ich ab. Ein Problem kann nicht mit einer Werbung gelöst werden, ohne zuerst das gesamte Geschäftsmodell und das Kundenakqusitions-/management-System zu analysieren.

Es geht vor allem um finanzielle Effizienz und die Bekämpfung von Verschwendung, denn das Geheimnis ist: Wer mehr für die Akquise eines Kunden ausgeben kann, gewinnt!

Wenn ich eine gute Werbung für ein Unternehmen machen würde, das kein nachhaltiges Geschäftsmodell oder ein gut durchdachtes System hat, würde ich nur seinen Untergang beschleunigen.

Jetzt, da du all diese Informationen hast, ist die Frage: Was wirst du tun, um dich zu verbessern?

Anmerkung

Diese Zusammenfassung von „Why advertising fails and how to make yours succeed" wurde sorgfältig erstellt, um die Prinzipien des Kennedy-Denkens auf Deutsch zu verbreiten.

Dan Kennedy ist einer der einflussreichsten und wichtigsten Akteure im Direct-Response-Marketing, und leider sind seine Bücher nur auf Englisch verfügbar.

Obwohl dies eine extrem zusammengefasste Version ist, sind wir überzeugt, dass sie als Sprungbrett für diejenigen dienen kann, die nicht gut Englisch sprechen, aber dennoch seinen Gedanken vertiefen und anwenden möchten. Der Zweck dieser Zusammenfassung ist rein informativ, wir beabsichtigen in keiner Weise, sie durch das Originalbuch von Dan Kennedy (über den QR-Code auf Amazon erhältlich) zu ersetzen.

Das Team von Kompakt Verlag